21 Oraciones de Gratitud

Shelley Hitz

21 Oraciones de Gratitud
© 2013 Body and Soul Publishing

ISBN-13: 978-0615945248
ISBN-10: 0615945244

Traducción de Maria Juarez

Lista de Avisos de Nuevas Publicaciones
Para saber de nuestros últimos libros cristianos traducidos al español, suscríbete a nuestra exclusiva Lista de Correo de Nuevas Publicaciones aquí:

www.bodyandsoulpublishing.com/libros-espanoles-cristianos

Contenidos

21 Oraciones de Gratitud

La oración cambia las cosas. Me cambia a mí. Cuando oro constantemente, algo cambia dentro de mí. Sin embargo, a veces es fácil quedar atrapado en el ajetreo de la vida y no apartar el tiempo necesario para orar.

No es necesario orar de una manera específica para que Dios nos oiga. Podemos presentar la oración de nuestros corazones con sencillez ante Él como si estuviéramos hablando con un amigo. Sin embargo, en este libro he tomado algunas verdades fundamentales de las Escrituras y las he convertido en oraciones de gratitud. Combinar la oración con la Palabra de Dios tiene poder. Yo he experimentado esto en mi propia vida y ahora quiero compartirlo contigo.

Se dice que se necesitan 21 días para establecer un nuevo hábito. Por lo tanto, aquí he compartido 21 oraciones de gratitud para ayudarte a formar el hábito de la oración en tu vida. Oro para que estas oraciones te ayuden a superar la negatividad mediante la aplicación del poder de la oración y la Palabra de Dios en tu vida. También ruego por que, al terminar este libro, tú sigas orando por tu cuenta. Te animo a profundizar en la Palabra de Dios y a hacer tus propias oraciones. Si tienes dificultades en un área específica, te recomiendo que utilices una concordancia o una herramienta por internet, como BibleGateway.com o BlueLetterBible.org, para encontrar Escrituras sobre el tema y luego convertirlas en oraciones que salgan de tu propio corazón.

¿Estás listo para empezar? Comencemos con una oración...

Señor, Te doy gracias por cada persona que lee este libro y presenta estas oraciones ante Ti. Te pido que hagas una obra poderosa en sus corazones mientras pasan los próximos 21 días en oración. Cámbialos desde su interior por medio de tu Palabra y de la oración. Dales hambre y sed de Ti, y que éstas continúen más allá de la última página de este libro. Te amamos y Te damos gracias por la oportunidad que nos das de venir ante Ti a presentar nuestras oraciones de gratitud. Amén.

"Orad sin cesar;" - 1 Tesalonicenses 5:17

"No se cansen de pedir, y Dios les dará; sigan buscando, y encontrarán; llamen a la puerta una y otra vez, y se les abrirá." - Mateo 7:7

"No se preocupen por nada; en cambio, oren por todo. Díganle a Dios lo que necesitan y denle gracias por todo lo que él ha hecho. Así experimentarán la paz de Dios, que supera todo lo que podemos entender. La paz de Dios cuidará su corazón y su mente mientras vivan en Cristo Jesús." - Filipenses 4:6-7

Oración de Gratitud #1: La gracia

Señor, hoy quiero agradecerte por tu gracia. Gracia es recibir algo bueno que no merezco. Muchas veces no valoro tu gracia; por favor, perdóname. Abre mis ojos para poder ver tu gracia en mi vida con mayor claridad. Señor, Te pido que quites la venda de mis ojos espirituales para que pueda ver todos los regalos que tan generosamente me has dado.

Es SÓLO por tu gracia que soy salvo del castigo eterno y tengo la promesa de que algún día estaré Contigo en el cielo por toda la eternidad. Gracias por rescatarme de mi pecado y de las garras del maligno, Satanás. Tú moriste por mí para que yo pudiera tener vida y vida en abundancia. Gracias por tu sacrificio.

Gracias por darme vida cada nuevo día. Al despertar en la mañana, dame la capacidad de centrar mis primeros pensamientos en Ti. Y por la noche, cuando ponga mi cabeza en la almohada, recuérdame todo lo que me has dado durante el día. Muéstrame todos los regalos que me diste y permíteme decir un sencillo "Gracias".

Te agradezco por tu maravillosa gracia. Sin ella me encontraría en una situación desesperada. Pero es por tu gracia que tengo tanto por qué agradecerte hoy... y cada día.

Te amo, Señor. Amén.

"Toda buena dádiva y todo don perfecto desciende de lo alto, del Padre de las luces, en el cual no hay mudanza ni sombra de variación." - Santiago 1:17

"Porque por gracia habéis sido salvados por medio de la fe, y esto no de vosotros, sino que es don de Dios;" - Efesios 2:8

"El ladrón solamente viene para robar, matar y destruir. Yo vine para que la gente tenga vida y la tenga en abundancia." – Juan 10:10

"Que Dios les dé cada vez más gracia y paz a medida que crecen en el conocimiento de Dios y de Jesús nuestro Señor." – 2 Pedro 1:2

Oración de Gratitud #2:
Los Nuevos Comienzos

Señor, hoy quiero darte las gracias por los nuevos comienzos. Tus misericordias son nuevas cada mañana, grande es tu fidelidad aunque a veces yo Te dé la espalda. Hay tiempos en los que me alejo de Ti deliberadamente, cuando entra el pecado en mi vida. Pero muchas veces, cuando poco a poco empiezo a pasar menos tiempo Contigo, la distancia entre Tú y yo se va agrandando.

Y puedo sentir la diferencia.

Cuando dedico tiempo para estar Contigo, siento tu presencia en mi vida, y tu amor, tu gozo y tu paz. Cuando estoy afanado y ya no dedico tiempo para buscarte en oración, puedo sentir cómo desciende la oscuridad sobre mí. Puede presentarse en forma de preocupación, ansiedad, autocompasión, de un espíritu de inconformidad o incluso, de pecado.

Señor, perdóname por las veces en las que Te he ignorado. Tú caminas conmigo cada día y aún así, muchas veces yo no reconozco tu presencia. Me arrepiento. Dame la fuerza para cambiar por medio de tu Santo Espíritu y así poder ofrecerte lo mejor de mi día, a diario. Muéstrame con claridad lo importante que es el tiempo que paso Contigo todos los días y ayúdame para que Tú seas la prioridad de mi vida, como nunca antes lo fuiste.

Jesús, Tú sabías lo importante que era pasar tiempo con tu Padre y con frecuencia Te apartabas para poder estar a solas con Él. Muchas veces era en la madrugada. Dame el deseo de sacrificarme para poder pasar tiempo Contigo, aún si eso significa privarme del sueño, dejar de ver mis programas favoritos de TV o navegar por internet.

Te amo, Señor y Te agradezco por este nuevo comienzo, en el que puedo hacer que mi relación Contigo sea la prioridad más grande de mi vida. Amén.

"Que por la misericordia de Jehová no hemos sido consumidos, porque nunca decayeron sus misericordias; nuevas son cada mañana. ¡Grande es tu fidelidad!" - Lamentaciones 3:22-23

"Enseñándoles a guardar todo lo que os he mandado; y he aquí, yo estoy con vosotros todos los días, hasta el fin del mundo" – Mateo 28:20

"A menudo Jesús se retiraba a lugares donde podía estar solo para orar." – Lucas 5:16

"Inmediatamente después, Jesús insistió en que sus discípulos regresaran a la barca y comenzaran a cruzar el lago hacia Betsaida mientras él enviaba a la gente a casa. Después de despedirse de la gente, subió a las colinas para orar a solas." – Marcos 6:45-46

Oración de Gratitud: # 3:
El Amor Incondicional

Señor, hoy quiero agradecerte por tu amor incondicional. Nada puede separarme de tu amor y aún así, muchas veces no creo esta verdad que se encuentra en tu Palabra, la Biblia. Me esfuerzo por sentir y comprender tu amor incondicional porque no lo puedo experimentar en ningún otro lugar. Los demás siempre me van a defraudar o me decepcionarán en algún momento. Ningún ser humano aparte de Ti, Jesús, puede amarme de una forma perfecta e incondicional. Y algunas veces yo proyecto sobre Ti mis relaciones con los demás.

Sin embargo, Tú no Te pareces a ninguna de las otras personas. Puedo confiar totalmente en tu amor y saber que siempre estarás conmigo y que me amarás incondicionalmente, sin importar lo que yo haga o lo que me suceda.

Dame la capacidad para poder comprender cuán alto, profundo y ancho es tu amor por mí. No se trata de un amor genérico para toda la humanidad sino que es un amor muy personal dirigido también a mí. Tú me amas. Repito esta verdad para que se impregne en mi mente, mi corazón y mi alma. Tú. Me. Amas. Y tu amor no conoce límites, barreras ni condiciones. Gracias, Señor por tu amor incondicional hacia mí. Amén.

"Por lo cual estoy seguro de que ni la muerte ni la vida, ni ángeles ni principados ni potestades, ni lo presente ni lo por venir, ni lo alto ni lo profundo, ni ninguna otra cosa creada nos podrá separar del amor de Dios, que es en Cristo Jesús, Señor nuestro." – Romanos 8:38-39

"Por esta causa, pues, doblo mis rodillas ante el Padre de nuestro Señor Jesucristo, de quien recibe nombre toda familia en el cielo y en la tierra, que os conceda, conforme a las riquezas de su gloria, ser fortalecidos con poder por su Espíritu en el hombre interior; de manera que Cristo more por la fe en vuestros corazones; y que arraigados y cimentados en amor, seáis capaces de comprender con todos los santos cuál es la anchura, la longitud, la altura y la profundidad, y de conocer el amor de Cristo que sobrepasa el conocimiento, para que seáis llenos hasta la medida de toda la plenitud de Dios.

Y a aquel que es poderoso para hacer todo mucho más abundantemente de lo que pedimos o entendemos, según el poder que obra en nosotros, a El sea la gloria en la iglesia y en Cristo Jesús por todas las generaciones, por los siglos de los siglos. Amén." – Efesios 3:14-21

Oración de Gratitud #4:
El Espíritu Santo

Señor, hoy te quiero dar las gracias por el don del Espíritu Santo en mi vida. Jesús, Tú dijiste que Te ibas para que viniera el Ayudador, el Espíritu Santo. Y ahora, debido a que he puesto mi confianza en Ti, me ha sido dado este don y el acceso al poder del Espíritu Santo.

Me resulta difícil comprenderlo plenamente y asimilarlo del todo, pero Te agradezco por equiparme y por darme el Espíritu Santo. El Espíritu Santo es mi Consolador, mi Ayudador y mi Maestro. El Espíritu Santo me capacita dándome fuerzas y poder sobrenatural para hacer cosas que yo no podría hacer por mi cuenta.

Te agradezco porque nunca estoy sólo. Jesús, Tú caminas conmigo, mi Padre Celestial está siempre conmigo y el Espíritu Santo me da su poder. Gracias, Señor por proveerme de muchas maneras distintas.

Me arrepiento de las veces en las que he entristecido al Espíritu Santo, tratando de vivir sólo con mis propias fuerzas y con mi capacidad. Por favor, perdóname. Ayúdame a ser sensible al Espíritu Santo y a seguir tu guía en mi vida. Estoy muy agradecido porque no tengo que vivir esta vida yo sólo. Gracias por proveerme hoy lo que necesito. Amén.

"Pero les digo la verdad: es mejor que me vaya porque si no, el Consejero no vendrá a ustedes. En cambio, si me voy, se lo voy a enviar. Cuando él venga, demostrará a los del mundo que están equivocados en cuanto a quién es el pecador, en cuanto a quién recibe la aprobación de Dios y en cuanto al juicio." – Juan 16:7-8

"Sin embargo, cuando el Padre envíe al Abogado Defensor como mi representante —es decir, al Espíritu Santo—, él les enseñará todo y les recordará cada cosa que les he dicho." – Juan 14:26

"Pero recibiréis poder cuando haya venido sobre vosotros el Espíritu Santo, y me seréis testigos en Jerusalén, en toda Judea, en Samaria y hasta lo último de la tierra." – Hechos 1:8

"Y Pedro les dijo: Arrepentíos y sed bautizados cada uno de vosotros en el nombre de Jesucristo para perdón de vuestros pecados, y recibiréis el don del Espíritu Santo." – Hechos 2:38

Oración de Gratitud # 5: La Paz

Señor, hoy quiero darte las gracias por tu paz que sobrepasa todo entendimiento. En un mundo tan lleno de estrés, ansiedad y caos, estoy muy agradecido por tener tu paz en mi vida.

Es muy fácil para mí ceder a lo largo del día ante los sentimientos de ansiedad y Te pido perdón. Dame la fuerza para ser cambiado por medio de la renovación de mi mente, con tu paz y una completa confianza en Ti. Así como un niño pequeño salta sin dudar y sin temor a los brazos de su padre, dame la capacidad de confiar completamente en Ti y de dejarme caer en Tus brazos poderosos.

En lugar de preocuparme por mis circunstancias, por favor ayúdame a desarrollar el hábito de presentarte mis preocupaciones en oración. Entonces, tu paz que sobrepasa todo entendimiento guardará y protegerá mi mente y mi corazón.

Yo no tomaría en mis manos una granada a la cual se le ha retirado la espoleta y está a punto de estallar. En vez de eso, la lanzaría lo más lejos posible. Ayúdame a echar mi estrés y mi ansiedad sobre Ti de la misma manera. Tú puedes manejarlos ... yo no. Cuando me aferro a mi estrés, éste tiene poder para destruirme. En este momento me visualizo arrojando mis cargas sobre Ti. Te pido que en lugar de ellas, me llenes de tu paz por medio del Espíritu Santo.

Gracias por tu paz que tranquiliza mi alma. ¡Te amo, Señor! Amén.

"No se preocupen por nada, más bien pídanle al Señor lo que necesiten y agradézcanle siempre. La paz de Dios hará guardia sobre todos sus pensamientos y sentimientos porque ustedes pertenecen a Jesucristo. Su paz lo puede hacer mucho mejor que nuestra mente humana." – Filipenses 4:6-7

"Confía en el SEÑOR con todo tu corazón, no dependas de tu propio entendimiento. Busca su voluntad en todo lo que hagas, y él te mostrará cuál camino tomar." – Proverbios 3:5-6

"Echad toda vuestra ansiedad sobre él, porque él tiene cuidado de vosotros." – 1 Pedro 5:7

"Mas el fruto del Espíritu es amor, gozo, paz, paciencia, benignidad, bondad, fidelidad, mansedumbre, dominio propio; contra tales cosas no hay ley." - Gálatas 5:22-23

Oración de Gratitud #6:
La Guía y la Dirección

Señor, hoy quiero agradecerte por la guía y dirección que me das cada día por medio de tu Espíritu Santo. A veces me desvío de tu camino y empiezo a hacer lo que pienso que es mejor, sin consultarte. Por favor, perdóname por tomar decisiones sin contar Contigo. Dame la fuerza para cambiar y para ponerte a Ti en el centro de todo lo que hago.

Has prometido que nunca me dejarás ni me abandonarás. Estás conmigo a cada paso del camino, todos los días. Cuando yo me encuentre en una encrucijada y no sepa qué hacer, recuérdame que antes que nada Te busque a Ti, aún antes de buscar a mi familia y amigos. Tu guía y tu dirección es lo que deseo, más que cualquier otra cosa.

Estoy muy agradecido porque me instruyes y me enseñas el camino que debo seguir. He experimentado la guía del Espíritu Santo, y sé que Tú deseas lo mejor para mí, aunque el camino sea difícil. También me diriges por medio de tu Palabra, la Biblia, que es lámpara a mis pies y lumbrera en mi camino.

Cuando me quedo atascado y no sé qué hacer, lo único que necesito es orar y preguntarte. Prometiste darme sabiduría cuando Te la pidiera. Gracias, Señor, por la forma en la que me conduces y me guías amorosamente cada día. Abre mis oídos para que pueda escuchar tu voz suave y apacible. Amén.

"Nunca te abandonaré ni te dejaré solo" – Hebreos 13:5b

"El SEÑOR dice: Te guiaré por el mejor sendero para tu vida; te aconsejaré y velaré por ti." – Salmos 32:8

"Lámpara es a mis pies tu palabra y lumbrera a mi camino." – Salmos 119:105

"Tus oídos oirán detrás de ti una palabra: Este es el camino, andad en él, ya sea que vayáis a la derecha o a la izquierda." - Isaías 30:21

"Si a alguno de ustedes le falta sabiduría, pídasela a Dios, y él se la dará. Dios es generoso y nos da todo con agrado. Pero debe pedirle a Dios con fe, sin dudar nada. El que duda es como una ola del mar que el viento se lleva de un lado a otro." – Santiago 1:5-6

Oración de Gratitud # 7: La Naturaleza

Señor, hoy Te doy las gracias por la belleza de tu creación, la naturaleza. Tu belleza me rodea todos los días y me recuerda de Ti. Gracias por los regalos sencillos que disfruto cada día.

* Las flores
* El anochecer
* Los ríos
* Las montañas
* Los arcoíris

Y la lista podría seguir y seguir. La belleza de tus obras me maravilla y me recuerda que eres creativo. Gracias por permitirme disfrutar de tu creación cada día, sin importar en dónde me encuentre. Ya sea que camine por la playa, por un sendero del bosque o por las aceras de una ciudad ajetreada— tus huellas están a mi alrededor.

También me encanta el olor de la naturaleza: la fragancia después de caer la lluvia, la dulzura de las flores frescas y el aroma de los pinos.

Nunca permitas que dé por sentada tu creación, y gracias por la belleza con la que me rodeas cada día.

"Los cielos proclaman la gloria de Dios y el firmamento despliega la destreza de sus manos." – Salmos 19:1

"De Jehová es la tierra y su plenitud, el mundo y los que en él habitan, porque él la fundó sobre los mares y la afirmó sobre los ríos." – Salmos 24:1-2

"Porque en El fueron creadas todas las cosas, tanto en los cielos como en la tierra, visibles e invisibles; ya sean tronos o dominios o poderes o autoridades; todo ha sido creado por medio de El y para El." - Colosenses 1:16

Oración de Gratitud #8: La Esperanza

Señor, hoy Te doy las gracias por la esperanza que tengo en Ti. Esta vida no es lo único que hay y por eso estoy muy agradecido. Muchas personas viven únicamente para esta vida, pero yo sé que hay mucho más. Gracias porque lo mejor está por venir, en el cielo.

A pesar de que los días difíciles nos golpean y que en la tierra hay momentos oscuros, yo sé que puedo tener esperanza. El enemigo quiere que me sienta como atrapado en un cuarto oscuro, sin una puerta por donde pueda escapar. Pero Tú me recuerdas que no estoy atrapado en una habitación, simplemente voy caminando dentro de un túnel. Esto también pasará. Gracias por caminar conmigo en los días oscuros y por darme esperanza cuando no puedo ver el final.

Gracias por la esperanza del cielo. Deseo verte cara a cara y estar en ese lugar donde ya no habrá más lágrimas ni dolor. Qué maravilloso será ese día.

Tu esperanza me sostiene, Señor. Gracias por fortalecerme hoy con tu esperanza. Te amo. Amén.

"Siempre que oramos damos gracias por ustedes a Dios, Padre de nuestro Señor Jesucristo, porque nos hemos enterado de la fe que tienen en Jesucristo y del amor que muestran por todo el pueblo santo de Dios. Su fe y amor están basados en la esperanza de recibir lo que Dios les tiene guardado en el cielo. Ustedes conocieron esa esperanza a través del mensaje verdadero, o sea, las buenas noticias de salvación" - Colosenses 1:3-5

"Le pido a Dios, fuente de esperanza, que los llene completamente de alegría y paz, porque confían en él. Entonces rebosarán de una esperanza segura mediante el poder del Espíritu Santo." – Romanos 15:13

"¡Bendito el hombre que confía en Jehová, cuya confianza está puesta en Jehová!" - Jeremías 17:7

"Mantengamos firme la profesión de nuestra esperanza sin vacilar, porque fiel es el que prometió;" – Hebreos 10:23

Oración de Gratitud #9: La Fortaleza

Señor, quiero agradecerte por la fortaleza que me das. Hoy me siento débil y frágil—pero sé que cuando soy débil, Tú eres fuerte. Infúndeme tu fuerza hoy.

Así como mi teléfono móvil necesita recargarse frecuentemente, yo también necesito ser recargado. Mi carga procede del tiempo que paso a solas Contigo y Te agradezco porque lo único que tengo que hacer es decir dos palabras— "Jesús, ayúdame". Tú deseas darme fuerzas y recargarme física, emocional y espiritualmente. Recuérdame con frecuencia, a lo largo del día, que tengo tu presencia en mí.

Señor, separado de Ti nada puedo hacer. Y así lo siento. Cuando trato de hacer las cosas con mis propias fuerzas me canso y me siento abrumado fácilmente. Pero cuando dependo de tu fuerza puedo correr sin cansarme. Gracias por darme la fortaleza que necesitaré para enfrentar lo que hoy se presente en mi vida. Te amo. Amén.

"También me alegro de las debilidades, insultos, penas y persecuciones que sufro por Cristo, porque cuando me siento débil, es cuando en realidad soy fuerte." - 2 Corintios 12:10

"Ciertamente, yo soy la vid; ustedes son las ramas. Los que permanecen en mí y yo en ellos producirán mucho fruto porque, separados de mí, no pueden hacer nada." – Juan 15:5

"Mas los que esperan en Jehová tendrán nuevas fuerzas, levantarán alas como las águilas, correrán y no se cansarán, caminarán y no se fatigarán." - Isaías 40:31

Oración de Gratitud #10:
La Protección

Señor, hoy quiero darte las gracias por tu protección sobre mi vida. Te agradezco porque cuando pongo mi confianza en Ti, Tú eres mi escudo y mi refugio. Eres mi escondite y me guardas del peligro.

A mi alrededor hay maldad y a diario puedo percibir la batalla espiritual. Pero Tú eres mi protector y me proteges del enemigo. Esto no significa que en esta vida nunca tendré problemas, sino que Tú estarás conmigo y que al final triunfarás. Eres una torre fuerte y cuando corro a Ti, Jesús, estoy seguro.

Hoy reclamo el cumplimiento de tu promesa que dice que "ningún arma forjada contra mí prevalecerá". En el nombre de Jesús le ordeno a todo mal espíritu que se aleje de mí, y Te agradezco por la Sangre de Jesús que me cubre y me protege del maligno. Gracias por protegerme hoy física, emocional y espiritualmente. Amén.

"Tú eres mi escondedero; de la angustia me preservarás; con cánticos de liberación me rodearás." – Salmos 32:7

"El nombre del SEÑOR es como una torre fortificada, a donde corre el justo para salvarse." – Proverbios 18:10

"Pero en aquel día venidero, ningún arma que te ataque triunfará. Silenciarás cuanta voz se levante para acusarte. Estos beneficios los disfrutan los siervos del SEÑOR; yo seré quien los eivindique. ¡Yo, el SEÑOR, he hablado!" - Isaías 54:17

"Pero fiel es el Señor, que os afirmará y guardará del mal." - 2 Tesalonicenses 3:3

También recomendamos leer el Salmo 91.

Oración de Gratitud #11: La Sanación

Señor, hoy quiero agradecerte por tu poder sanador en mi vida. He experimentado tu sanación de varias formas: espiritual, emocional y físicamente. Has venido a sanar a los de corazón quebrantado y Te agradezco por la sanación emocional que has traído a mi vida. Aún hay días difíciles pero sé que Tú caminas conmigo y que no estoy sólo. Se necesita tiempo y paciencia mientras Tú me vas sanando, puntada a puntada, pero vale la pena.

Gracias por tu poder sanador, disponible también para mi cuerpo. Jesús, cuando caminabas por este mundo, una de las formas en las que demostrabas tu poder era sanando físicamente a muchos ... y hoy lo sigues haciendo. Sé que tu sanidad puede venir de una forma diferente de la que yo espero y confiaré en Ti aunque no comprenda todos los "por qué".

Te alabo porque he sido hecho de una forma asombrosa y maravillosa, y porque cada día pones tu mano sanadora sobre mi vida. Te amo. Amén.

"El Espíritu del Señor DIOS está sobre mí, porque me ha ungido el SEÑOR para traer buenas nuevas a los afligidos; me ha enviado para vendar a los quebrantados de corazón, para proclamar libertad a los cautivos y liberación a los prisioneros;" - Isaías 61:1

"Aunque pase por caminos oscuros y tenebrosos, no tendré miedo, porque tú estás a mi lado; tu vara y tu bastón me reconfortan." – Salmos 23:4

"Jesús viajó por toda la región de Galilea enseñando en las sinagogas, anunciando la Buena Noticia del reino, y sanando a la gente de toda clase de enfermedades y dolencias." – Mateo 4:23

"Te alabaré, porque formidables y maravillosas son tus obras; estoy maravillado y mi alma lo sabe muy bien." – Salmos 139:14

Oración de Gratitud #12:
El Cuerpo de Cristo

Señor, hoy quiero darte las gracias por el Cuerpo de Cristo, los otros creyentes que has puesto en mi vida. Así como has diseñado mi cuerpo para que trabaje en conjunto con todas sus partes, tu Iglesia, el Cuerpo de Cristo, también está hecha para trabajar unida.

Gracias por las personas que has puesto estratégicamente en mi vida para darme ánimo cuando más lo necesito. Este estímulo puede venir en forma de palabras de esperanza, de una oración e incluso de una simple sonrisa. Muchas veces siento tu amor a través de otros creyentes.

Estoy convencido de que separado de Jesús, ningún ser humano puede ser perfecto mientras viva en la tierra. Por lo tanto a veces surgirán problemas en la Iglesia. Te pido perdón por las veces en que me he dejado llevar por el espíritu de murmuración, juicio o división. Por favor, perdóname. Tú anhelas que en el Cuerpo de Cristo haya un espíritu de unidad y de amor. Te pido que tu amor fluya a través mío hacia otros creyentes en la Iglesia y que me enseñes a darles ánimo y apoyo. Úsame para ser tu luz dondequiera que vaya. Amén.

"Porque así como el cuerpo es uno, y tiene muchos miembros, pero todos los miembros del cuerpo, aunque son muchos, constituyen un solo cuerpo, así también es Cristo." - 1 Corintios 12:12

"Más valen dos que uno, pues trabajando unidos les va mejor a ambos. Si uno cae, el otro lo levanta. En cambio, al que está solo le va muy mal cuando cae porque no hay quien lo ayude. Si dos se acuestan juntos, se darán calor, pero si alguien duerme solo, no habrá quién lo caliente. Uno solo puede ser vencido, pero dos se defienden mejor. Es que la cuerda de tres hilos no se rompe fácilmente." - Eclesiastés 4:9-12

"Queridos amigos, sigamos amándonos unos a otros, porque el amor viene de Dios. Todo el que ama es un hijo de Dios y conoce a Dios;" – 1 Juan 4:7

"Pero no ruego solamente por estos, sino también por los que han de creer en mí por la palabra de ellos, para que todos sean uno; como tú, Padre, en mí y yo en ti, que también ellos sean uno en nosotros, para que el mundo crea que tú me enviaste." – Juan 17:20-21

Oración de Gratitud #13:
La Fidelidad

Señor, hoy quiero agradecerte por tu fidelidad. Aún cuando yo no soy fiel a Ti, Tú siempre eres fiel a mí. Grande es tu fidelidad.

En medio de este mundo cambiante, Tú eres el Dios que nunca cambia. Eres el mismo de ayer, hoy y siempre. Aunque la opinión que otros tengan de mí cambie, aunque la economía cambie, aunque las modas cambien, Tú nunca cambias. Gracias por ser la roca firme de mi vida de la cual siempre puedo depender.

Te doy las gracias, Señor, porque eres fiel en TODO lo que haces. Reconozco que a veces no entiendo tus caminos. Pero sé que, tal como una foto Polaroid al principio es borrosa y luego se va desarrollando hasta verse completamente clara, yo algún día podré ver las cosas con claridad. Me lo revelarás más adelante en esta vida o lo entenderé plenamente cuando llegue al cielo. Ayúdame a poner mi confianza en tu fidelidad, en medio de lo "borroso" de mi vida.

Estoy muy agradecido porque Tú eres fiel para perdonar mis pecados cuando Te los confieso. Tu fidelidad toca mi vida de muchas formas. ¡Grande es tu fidelidad! Amén.

"Que las misericordias del SEÑOR jamás terminan, pues nunca fallan sus bondades; son nuevas cada mañana; ¡grande es tu fidelidad!" - Lamentaciones 3:22-23

"Jesucristo es el mismo ayer, hoy y siempre." – Hebreos 13:8

"Pues la palabra del SEÑOR es verdadera y podemos confiar en todo lo que él hace." – Salmos 33:4

"Si confesamos nuestros pecados, él es fiel y justo para perdonar nuestros pecados y limpiarnos de toda maldad." – 1 Juan 1:9

Oración de Gratitud #14:
La Biblia

Señor estoy agradecido por tu Palabra, la Biblia, por medio de la cual Tú me hablas. Tu Palabra es lámpara a mis pies y lumbrera en mi camino. Cuando me siento confundido y no estoy seguro de lo que debo hacer, puedo buscar en tu Palabra, que me guiará y me conducirá.

Estoy agradecido porque quisiste inspirar a los hombres para que escribieran tus palabras. Tú eres el autor; ellos sólo fueron los instrumentos que usaste. Te alabo porque la Biblia fue muy bien preservada a lo largo de los años para que pudiera llegar hoy a nosotros.

Señor, ayúdame a nunca subestimar la Biblia. Renueva mi pasión y aumenta mi sed por tu Palabra y por conocerte más a Ti por medio de ella. Conforme la leo, la memorizo y la estudio, Te voy conociendo de una manera más profunda— como el Creador de este universo. Gracias por permitir que Te conozca de muchas formas; entre ellas, por medio de la Biblia.

Y mientras la hierba se seca y la flor se marchita, ¡Te alabo porque tu Palabra permanece PARA SIEMPRE! Amén.

"Lámpara es a mis pies tu palabra, y luz para mi camino." – Salmos 119:105

"Ninguna profecía fue dicha por el impulso de algún hombre. Todo lo contrario, los profetas hablaron de parte de Dios, guiados por el Espíritu Santo." – 2 Pedro 1:21

"Toda la Escritura es inspirada por Dios y es útil para enseñarnos lo que es verdad y para hacernos ver lo que está mal en nuestra vida. Nos corrige cuando estamos equivocados y nos enseña a hacer lo correcto." – 2 Timoteo 3:16

"La hierba se seca y se marchita la flor, mas la palabra del Dios nuestro permanece para siempre." - Isaías 40:8

Oración de Gratitud #15:
La Fe

Señor, gracias porque no sólo eres el autor de mi fe, sino también el perfeccionador de mi fe. Te pido que sigas perfeccionándola ya que muchas veces aún titubeo con incredulidad. En este momento Te confieso mi incredulidad. Así cómo aquel padre le pidió a Jesús que sanara a su hijo diciéndole: "Creo. Ayúdame en mi incredulidad", yo Te pido perdón y Te ruego que me des la fuerza para creer en Ti a pesar de mis circunstancias.

También sé que sin fe es imposible agradarte a Ti. Imposible. Ayúdame a recordar esto cuando la duda se desliza por mi mente y las mentiras del enemigo me tientan para que no crea en tus promesas. Fortaléceme con el poder de tu Santo Espíritu para que mi fe pueda resistir el paso del tiempo.

Gracias por equiparme con el escudo de la fe para pelear las batallas que se desatan en mi mente. Con mi escudo de la fe en alto, puedo apagar los dardos de fuego del enemigo que tratan de destruirme.

Y en este momento confirmo mi fe y mi confianza en Ti, Señor. Yo creo, yo creo, ¡yo sí creo! Amén.

"Puestos los ojos en Jesús, el autor y consumador de la fe, quien por el gozo puesto delante de El soportó la cruz, enospreciando la vergüenza, y se ha sentado a la diestra del trono de Dios." – Hebreos 12:2

"Enseguida el papá del muchacho gritó muy fuerte: —¡Creo, ayúdame a creer aun más!" – Marcos 9:24

"De hecho, sin fe es imposible agradar a Dios. Todo el que desee acercarse a Dios debe creer que él existe y que él recompensa a los que lo buscan con sinceridad." – Hebreos 11:6

"Sobre todo, tomad el escudo de la fe, con que podáis apagar todos los dardos de fuego del maligno." – Efesios 6:16-

Oración de Gratitud #16:
La Risa y el Gozo

Señor, hoy quiero agradecerte por la risa. Una carcajada profunda es en verdad medicina para el alma. La risa es una expresión del gozo y yo anhelo experimentar todos los días tu gozo en mi vida. Entiendo que el gozo es diferente de la alegría. La alegría depende de los acontecimientos y las circunstancias, mientras que el gozo lo encuentro en Ti.

Te pido que me ayudes a tener una fe de niño para encontrar gozo cada día. No hay nada mejor que ver iluminarse con una sonrisa el rostro de un niño y oírlo reír por las cosas más pequeñas de la vida. Ellos encuentran gozo en su vida cotidiana. Ayúdame a vivir lleno de tu Espíritu Santo y de tu gozo, porque uno de los frutos de tu Espíritu es el gozo. ¡Te doy las gracias porque en tu presencia hay plenitud de gozo!

Sin embargo, tengo que admitir que a veces mis sentimientos tienen altibajos. Algunos días no tengo ganas de reír, y eso está bien también. Hay un tiempo para todo: un tiempo para reír y un tiempo para llorar; un tiempo para estar triste y otro para bailar de alegría. Aunque camine por épocas oscuras y difíciles, Tú estás conmigo y me infundes aliento. Gracias Señor porque incluso en los días difíciles tu alegría puede ser mi fuerza. Amén.

"El corazón alegre es buena medicina, pero el espíritu quebrantado seca los huesos." – Proverbios 17:22

"En cambio, el Espíritu produce amor, alegría, paz, paciencia, amabilidad, bondad, fidelidad, humildad y dominio propio. No existe ninguna ley en contra de esas cosas." - Gálatas 5:22-23

"Me mostrarás el camino de la vida, me concederás la alegría de tu presencia y el placer de vivir contigo para siempre." – Salmos 16:11

"Todo tiene su tiempo, y todo lo que se quiere debajo del cielo tiene su hora…tiempo de llorar y tiempo de reír, tiempo de hacer duelo y tiempo de bailar." - Eclesiastés 3:1, 4

"Aunque pase por el valle de sombra de muerte, no temeré mal alguno, porque tú estás conmigo; tu vara y tu cayado me infunden aliento." – Salmos 23:4

"No estén tristes porque la alegría en el SEÑOR es su Fortaleza." - Nehemías 8:10b

Oración de Gratitud #17:
Los Regalos Espirituales

Señor, hoy quiero darte las gracias por los regalos espirituales que me has dado. Hay muchos dones espirituales diferentes, pero todos vienen de Ti. Gracias por darnos dones a cada uno de los que formamos el Cuerpo de Cristo, incluyéndome a mí. Nadie se ha quedado con las manos vacías. Aún si los dones que me has dado no parecen ser tan importantes como los de otras personas, son esenciales para el cuerpo de Cristo, la Iglesia. De la misma forma en la que mis intestinos son tan importantes como mis ojos, Tú creaste a la Iglesia para que trabaje en unidad con los dones que nos has dado.

Te pido que sigas revelándome cuáles son mis dones espirituales ... algunos son apóstoles, otros profetas, evangelistas, pastores y maestros. Además, Tú nos has dado dones de profecía, de servicio, de animar a otros, de dar y de dirigir. Y estos son sólo algunos de tus dones. Ahora dame el poder para usar los dones que me has dado. Ayúdame a ser obediente en el uso de mis dones, sin importar lo insignificante que puedan parecer.

También Te agradezco cuando alguien usa sus dones para bendecirme. Gracias por los que me han enseñado tu Palabra, por los que me han dado generosamente, los que me han servido y los que me han dado ánimo. Gracias por usar a otros en mi vida de una manera poderosa. Amén.

"Hay distintas clases de dones espirituales, pero el mismo Espíritu es la fuente de todos ellos. Hay distintas formas de servir, pero todos servimos al mismo Señor. Dios trabaja de maneras diferentes, pero es el mismo Dios quien hace la obra en todos nosotros." - 1 Corintios 12:4-6

"Pero ahora Dios ha colocado cada uno de los miembros en el cuerpo como él quiso, pues si todos fueran un solo miembro, ¿dónde estaría el cuerpo? Pero ahora son muchos los miembros, aunque el cuerpo es uno solo." - 1 Corintios 12:18-20

"Y El dio a algunos el ser apóstoles, a otros profetas, a otros evangelistas, a otros pastores y maestros, a fin de capacitar a los santos para la obra del ministerio, para la edificación del cuerpo de Cristo;" – Efesios 4:11-12

"Pero Dios en su generoso amor le ha dado a cada uno dones diferentes. Si uno tiene el don de la profecía, que lo use de acuerdo con la fe que tiene. El que recibió el don de servir, que se dedique a servir. El que recibió el don de enseñar, que se dedique a enseñar. El que recibió el don de animar a otros, que se dedique a animarlos. El que recibió el don de dar, hágalo con el sincero deseo de ayudar. El que recibió el don de dirigir, hágalo lo mejor posible. El que recibió el don de ser compasivo con otros, hágalo con alegría." – Romanos 12:6-8

Oración de Gratitud #18:
El Autocontrol

Señor, hoy quiero agradecerte por el autocontrol. Por ser tu hijo, tengo acceso a tu Espíritu Santo. Y un fruto del Espíritu Santo es el autocontrol. Te doy gracias por darme todo lo que necesito; sin embargo, confieso que a veces me falta el control de mí mismo. Hoy Te pido perdón. Lléname de nuevo con tu Espíritu y tu auto-ontrol para cada situación que deberé enfrentar

A veces siento que la tentación me vence, pero Tú prometes serme fiel y darme siempre una vía de escape. Dame poder para tomar la vía de escape cuando me la ofrezcas. Gracias Señor porque puedo alcanzar la victoria sobre la tentación y tener autocontrol gracias a que tu Espíritu me capacita. Ayúdame a caminar hoy en esa victoria. Amén.

"En cambio, la clase de fruto que el Espíritu Santo produce en nuestra vida es: amor, alegría, paz, paciencia, gentileza, bondad, fidelidad, humildad y control propio. ¡No existen leyes contra esas cosas!" - Gálatas 5:22-23

"No os ha sobrevenido ninguna prueba que no sea humana; pero fiel es Dios, que no os dejará ser probados más de lo que podéis resistir, sino que dará también juntamente con la prueba la salida, para que podáis soportarla." – 1 Corintios 10:13

"Porque no nos ha dado Dios espíritu de cobardía, sino de poder, de amor y de dominio propio." – 2 Timoteo 1:7

Oración de Gratitud #19:
La Libertad

Señor, hoy quiero darte las gracias por la libertad en Cristo que me has dado. Por medio de Cristo me liberaste del pecado que tan fácilmente me enreda. He sido prisionero del pecado y he estado encadenado con cadenas muy pesadas. Gracias por perdonarme y quitarme de encima el peso de mi pecado.

Gracias por ayudarme a permanecer firme en la libertad que tengo en Cristo. Ayúdame a no cargarme de nuevo con el remordimiento y la vergüenza de mi pasado, y dame poder para andar en la libertad que me diste. Una de las formas en las que puedo hacerlo es poniendo cada día tu verdad, tu Palabra, en mi mente. Al conocer tu verdad, ella me hace libre.

Otra forma en la que puedo mantenerme firme en la libertad que me diste es presentarme diariamente ante Ti para confesarte mis pecados. Eso me mantiene libre y sin cargas. En este momento traigo a mi mente los pecados que necesito confesarte y aprovecho para hacerlo: _____ (pausa para confesarle tus pecados a Dios). Gracias por tu perdón. Te pido que me ayudes a arrepentirme y a cambiar de verdad. Te amo Señor y Te doy las gracias por la libertad que me has dado hoy. Amén.

"Fijémonos entonces que nos rodean muchísimas personas que demostraron su fe. Corramos sin fallar la carrera que tenemos por delante. Quitemos de nuestra vida cualquier cosa que nos impida avanzar, especialmente el pecado que nos hace caer tan fácilmente." – Hebreos 12:1

"Por lo tanto, Cristo en verdad nos ha liberado. Ahora asegúrense de permanecer libres y no se esclavicen de nuevo a la ley." - Gálatas 5:1

"Dijo entonces Jesús a los judíos que habían creído en él:—Si vosotros permanecéis en mi palabra, seréis verdaderamente mis discípulos; y conoceréis la verdad y la verdad os hará libres." – Juan 8:31-32

"Así que, si el Hijo os hace libres, seréis realmente libres." – Juan 8:36

"El Señor DIOS ha puesto su Espíritu en mí porque el SEÑOR me ungió con aceite para anunciar las buenas noticias a los pobres. Me ha enviado a sanar a los afligidos, a anunciar liberación a los prisioneros y libertad a los presos." - Isaías 61:1

Oración de Gratitud #20:
La Paciencia

Señor, hoy quiero darte las gracias por tu paciencia Definitivamente, la paciencia no es algo natural en mí sino un don sobrenatural de tu Espíritu. Gracias por equiparme con paciencia hacia las personas y las circunstancias de mi vida. Muchas veces, las cosas no suceden como lo planeo o en el tiempo en el que me gustaría. Te rindo mi deseo de controlar a las personas y los acontecimientos de mi vida. Ayúdame a tener tu paciencia y tu contentamiento, aunque mis circunstancias no cambien.

Esperar en Ti es difícil. Pero al final yo sé que tu tiempo es mejor. Dame la capacidad de ver la vida desde tu punto de vista, desde una perspectiva eterna. Quiero amar a los demás con tu amor, un amor que es paciente y amable. Sin embargo, sé que no puedo hacerlo con mis propias fuerzas y que necesito que me des tu poder para cambiar.

Te amo, Señor. Incluso cuando espero en Ti y no veo ningún cambio, confío en tus manos los detalles de mi vida. Amén.

"En cambio, la clase de fruto que el Espíritu Santo produce en nuestra vida es: amor, alegría, paz, paciencia, gentileza, bondad, fidelidad, humildad y control propio. ¡No existen leyes contra esas cosas!" - Gálatas 5:22-23

"Guarda silencio ante Jehová y espera en él." – Salmos 37:7a

"El amor es paciente, es bondadoso; el amor no tiene envidia; el amor no es jactancioso, no es arrogante;" – 1 Corintios 13:4

"No debemos cansarnos de hacer el bien. Si no nos rendimos, tendremos una buena cosecha en el momento apropiado." - Gálatas 6:9

Oración de Gratitud #21: La Salvación

Señor, hoy quiero darte las gracias por mi salvación. Yo sé que sin Ti no tendría ninguna esperanza más allá de esta vida, porque he pecado contra Ti de muchas maneras, y mi pecado me separa de Ti. Gracias por darme el don de la vida eterna por medio del sacrificio que Jesús hizo en la cruz. Muchos no Te entienden ... Tú no enviaste a Jesús a condenar al mundo, sino para salvarlo. Te pido que mis familiares y amigos no salvos Te conozcan de verdad y que confíen en Jesús para su salvación. Porque cuando confesamos con nuestra boca que Jesús es el Señor y creemos en nuestro corazón que Tú lo resucitaste de entre los muertos, alcanzamos la salvación.

Te agradezco porque la salvación es un verdadero regalo tuyo; yo no puedo obtenerla haciendo buenas obras ni esforzándome más. La fe sin obras está muerta, pero la salvación sólo viene como un regalo de tu parte.

Te alabo porque soy una nueva creación—lo viejo ha pasado y lo nuevo ha llegado. Gracias por cambiar mi corazón y mi vida ... Te estoy eternamente agradecido. Ayúdame a compartir con los demás la relación que tengo Contigo. Amén.

"Pues todos hemos pecado; nadie puede alcanzar la meta gloriosa establecida por Dios." Romanos 3:23

"Porque la paga del pecado es muerte, pero la dádiva de Dios es vida eterna en Cristo Jesús, Señor nuestro." – Romanos 6:23

"Porque de tal manera amó Dios al mundo, que dio a su Hijo unigénito, para que todo aquel que cree en El, no se pierda, mas tenga vida eterna. Porque Dios no envió a su Hijo al mundo para juzgar al mundo, sino para que el mundo sea salvo por El." – Juan 3:16-17

"Serás salvo si reconoces abiertamente que Jesús es el Señor y si crees de todo corazón que Dios lo levantó de la muerte." – Romanos 10:9

"Dios los salvó por su gracia cuando creyeron. Ustedes no tienen ningún mérito en eso; es un regalo de Dios." – Efesios 2:8

"Así también la fe, si no tiene obras, está completamente muerta." – Santiago 2:17

"De modo que si alguno está en Cristo, nueva criatura es; las cosas viejas pasaron; he aquí, son hechas nuevas." – 2 Corintios 5:17

Lista de Avisos de Nuevas Publicaciones

Para saber de nuestros últimos libros cristianos traducidos al español, suscríbete a nuestra exclusiva Lista de Correo de Nuevas Publicaciones aquí:

www.bodyandsoulpublishing.com/libros-espanoles-cristianos

CJ y Shelley Hitz

A CJ y Shelley Hitz les gusta compartir la verdad de Dios por medio de sus charlas y escritos. En sus momentos de descanso disfrutan de pasar el tiempo al aire libre, corriendo, haciendo senderismo y explorando la hermosa creación de Dios.

Para conocer más acerca de su ministerio visita el sitio web en www.BodyandSoulPublishing.com o para invitarlos a su próximo evento vea www.ChristianSpeakers.tv.

Nota de la Autora: ¡Los comentarios son valiosos para los autores! Si te gustó este libro, ¿podrías poner un comentario en Amazon.com? ¡Gracias!

Printed in Germany
by Amazon Distribution
GmbH, Leipzig